ORFEO ED EURIDICE

IN FULL SCORE

Christoph Willibald Gluck

EDITED BY HERMANN ABERT

DOVER PUBLICATIONS, INC.

NEW YORK

Publisher's Note

This edition—which Hermann Abert based on the handwritten score, apparently a copy of the autograph, at the Vienna Hofbibliothek; the original published score (Paris, 1764); and two manuscript scores in the British Museum—provides the score of *Orfeo ed Euridice* as it was performed at its premiere in Vienna in 1762. (For its revival in Paris in 1774, a French libretto was employed, several ballets were added, the alto castrato role of Orpheus became a tenor role, and some numbers were consequently transposed.) The original figured bass was realized by the editor as a separate keyboard part, and a new German translation of the text was underlaid along with the original Italian. Editorial additions appear in parentheses in the score.

Copyright © 1992 by Dover Publications, Inc.
All rights reserved under Pan American and International Copyright Conventions.

Published in Canada by General Publishing Company, Ltd., 30 Lesmill Road, Don Mills, Toronto, Ontario.
Published in the United Kingdom by Constable and Company, Ltd., 3 The Lanchesters, 162–164 Fulham Palace Road, London W6 9ER.

This Dover edition, first published in 1992, is a republication of the edition originally published as Volume 44a (Jahrgang XXI/2) of the *Denkmäler der Tonkunst in Österreich* by Österreichischer Bundesverlag, Vienna, in 1914. The prefatory note, introduction, illustration and editorial commentary have been omitted; a publisher's note and a list of instruments have been added; and the German translation of the "Argomento" has been replaced by a new English translation.
We are grateful to the library of the Aaron Copland School of Music, Queens College, for the loan of the score for reproduction.

Manufactured in the United States of America
Dover Publications, Inc.
31 East 2nd Street
Mineola, N.Y. 11501

Library of Congress Cataloging-in-Publication Data

Gluck, Christoph Willibald, Ritter von, 1714–1787.
    Orfeo ed Euridice / Christoph Willibald Gluck ; [libretto by Raniero Calzabigi] ; edited by Hermann Abert.—In full score.
    1 score.
    Opera in 3 acts.
    Italian words; includes synopsis in English and Italian.
    Reprint. Originally published: Vienna : Österreichischer Bundesverlag, 1914. (Denkmäler der Tonkunst in Österreich ; v. 44a = Jahrg. 21/2).
    ISBN 0-486-27324-5
    1. Operas—Scores. 2. Orpheus (Greek mythology)—Drama. 3. Eurydice (Greek mythology)—Drama. I. Calzabigi, Ranieri de, 1714–1795. II. Abert, Hermann, 1871–1927. III. Title.
M1500.G5606   1992   92-758999
                                                                     CIP
                                                                      M

Contents

Orfeo ed Euridice.

Argomento.

È noto Orfeo, e celebre il suo lungo dolore nell'immatura morte della sua sposa Euridice. Morì ella nella Tracia; io per comodo dell'unità del luogo la suppongo morta nella Campagna felice presso al lago D'Averno, in vicinanza del quale finsero i Poeti trovarsi una spelonca, che apriva il cammino all'Inferno. L'infelice amante mosse a pietà gli Dei, che gli concessero di penetrar negli Elisi per ripigliarsi la sua diletta, col patto però di non guardarla finchè non fosse tornato sulla Terra. Non seppe il tenero sposo frenar tanto gli affetti, ed avendo contravvenuto al divieto perdè per sempre Euridice. Per adattar la favola alle nostre scene ho dovuto cambiar la catastrofe. Leggasi Virgilio al libro IV. delle Georgiche, al 6to dell'Eneide.

Mutazioni di Scene.

P r i m a. Ameno, ma solitario boschetto di allori e di cipressi, che ad arte diradato racchiude in un piccolo piano il sepolcro d'Euridice.

S e c o n d o (sic!). Orrida e cavernosa di là dal fiume Cocito, offuscata poi in lontananza da un tenebroso fumo illuminato dalle fiamme, che ingombrano tutta quella orribile abitazione.

T e r z a. Deliziosa per i boschetti che vi verdeggiano, i fiori che rivestono i prati, ritiri ombrosi che vi si scuoprono, i fiumi ed i ruscelli, che la bagnano.

Q u a r t a. Oscura spelonca, che forma un tortuoso laberinto ingombrato di massi, staccati dalle rupi, che sono tutte coperte di sterpi, e di piante selvagge.

Q u i n t a. Magnifico Tempio dedicato ad Amore.

P e r s o n a g g i: Orfeo, Signor Gaetano Guadagni.

Euridice, Signora Marianna Bianchi.

Amore, Signora Lucia Clavarau.

C o r i: Di Pastori e di Ninfe.

Di Furie e Spettri nell'Inferno.

Di Eroi ed Eroine negli Elisi.

Di Seguaci d'Orfeo.

La Musica è del Signor Cav. Cristofano G l u c k, al servizio delle MM. LL. JJ. RR.

Inventore, e Direttore de' Balli il Signor Gaspero A n g i o l i n i.

Inventore delle Scene il Signor Gio. Maria Q u a g l i o.

P r i m o B a l l o. Di Pastori, e Ninfe seguaci d'Orfeo.

Si rappresentano in questo Ballo le feste funebri che celebravano gli antichi intorno a sepolcri de' morti. Consistevano in sagrifizj, in profumi, in sparger fiori e circondarne la tomba, in versar latte e vino sulla medesima, in ballar all'intorno con atti di dolore, e in cantar le lodi del defonto. S'introducevano nelle più solenni de' giovanetti in abito di Genj dando loro e attributi ed azioni convenienti alla persona, e alla qualità del sepolto. Così in questo Ballo intorno all'urna di Euridice piangono de' Genj che rappresentano degli Amorini, et uno in figura d'Imeneo spenge la sua face simbolo dell'unione conjugale separata dalla morte.

S e c o n d o B a l l o. Di spettri nell'Inferno che procurano di spaventare Orfeo.

T e r z o B a l l o. D'ombre fortunate negli Elisi.

L'Idea di questo Ballo è presa da Virgilio al libro VI. dell'Eneide.

Q u a r t o B a l l o. Di Eroi, ed Eroine con Amore, Orfeo, ed Euridice.

Si festeggia il ritorno di Euridice, si celebra il Trionfo d'Amore. La face conjugale che fu spenta da Imeneo nel Io Ballo in quest'ultimo è riaccesa da Amore, colla fiamma della sua. Amore ed Imeneo si scambiano vicendevolmente le loro faci, e termina la festa con allegro Ballo.

Orpheus and Eurydice

The Plot

Orpheus is well known, and his extended grief over the premature death of his wife Eurydice is famous. She died in Thrace; however, with an eye to the unity of place, I [the librettist, Calzabigi] have her die in luxuriant Campania near Lake Averno, in the neighborhood of which the poets claimed there was a cave leading to the Underworld. The unfortunate lover won the compassion of the gods, who allowed him to enter Elysium and take back his sweetheart, but with the condition that he must not look at her until he had returned to the upper world. The tender husband was unable to contain his emotions to that extent, and, having broken the prohibition, he lost Eurydice forever. In order to adapt the legend to the modern stage I had to change the denouement. See Vergil, Book IV of the *Georgics* and Book VI of the *Aeneid*.

The Scenes

FIRST. Pleasant but solitary grove of laurels and cypresses, which in a small artificial clearing contains the tomb of Eurydice.

SECOND. Awesome, cavernous scene beyond the river Cocytus [in the Underworld], the background made murky by a dark mist lit up by the flames that cover the entire fearful area.

THIRD. A scene made charming by green groves, flower-covered meadows, the shady nooks to be found there and the rivers and brooks that water it.

FOURTH. Dark cave forming a tortuous labyrinth encumbered by boulders detached from the cliffs, which are completely covered with brush and wild plants.

FIFTH. Magnificent temple dedicated to Amor [Love].

CHARACTERS [and original performers].

> Orpheus: Gaetano Guadagni.
> Eurydice: Marianna Bianchi.
> Amor: Lucia Clavarau.

CHORUSES. Shepherds and nymphs.

> Furies and Underworld shades.
> Heroes and heroines in Elysium.
> Followers of Orpheus.

The music is by Cav. Christoph Gluck, in the service of Their Imperial and Royal Highnesses.

Choreographer and dance director: Gaspero Angiolini. Set designer: Giovanni Maria Quaglio.

FIRST BALLET. Shepherds and nymphs who are followers of Orpheus.

This ballet represents the funeral rites performed by the ancients at the tombs of the dead. These consisted of making sacrifices, burning incense, strewing flowers and surrounding the tomb with them, pouring milk and wine on the tomb, dancing around it with gestures of sorrow and singing the praises of the deceased. In the most solemn rites, youths participated dressed as genii [guardian spirits] and furnished with attributes and actions appropriate to the personality and rank of the dead. Thus, in this dance around the urn of Eurydice, genii representing cupids weep, and one in the guise of Hymen [god of marriage] extinguishes his torch, symbolizing the matrimony sundered by death.

SECOND BALLET. Underworld shades trying to frighten Orpheus.

THIRD BALLET. Blessed spirits in Elysium.

The idea for this ballet is taken from Vergil (*Aeneid*, Book VI).

FOURTH BALLET. Heroes and heroines with Amor, Orpheus and Eurydice.

This is danced to rejoice over the return of Eurydice, to celebrate the triumph of Amor. In this final ballet, the marital torch that was extinguished by Hymen in the First Ballet is rekindled by Amor from the flame of his own torch. Amor and Hymen exchange torches in alternation, and the celebration ends with a joyous dance.

Orfeo ed Euridice

Azione Teatrale in three acts

Libretto by Raniero Calzabigi

Music by Christoph Willibald Gluck

FIRST PERFORMANCE: Theater bey der Hofburg, Vienna, 5 October 1762

Characters

Orpheus [Orfeo], poet and musician	Alto
Eurydice [Euridice], his beloved	Soprano
Amor [Amore]	Soprano
Chorus [Coro] of Shepherds and Nymphs [Pastori, Ninfe], Furies, Shades and Monsters [Furie, Spettri, Mostri], Elysian Heroes and Heroines [Eroi, Eroine], Shepherds and Shepherdesses [Pastori, Pastorelle]	Sopranos, Altos, Tenors, Basses

SETTING: Thrace or Campania, antiquity.

Instrumentation

2 Flutes [Flauti, Traverso]

2 Oboes [Oboi]

2 English Horns [Corni Inglesi]

2 Chalumeaux (C)

2 Bassoons [Fagotti]

2 Horns (C,F,E♭,D) [Corni]

2 Trumpets (C) [Trombe (C)]

2 Cornetti

2 Trombones

Bass Trombone [Trombone basso]

Harp [Harpa]

Timpani

Violins I,II [Violini]

Violas

Cellos [Violoncelli]

Basses

Harpsichord [Cembalo]

The division of the orchestra into two ensembles is indicated frequently in the score. Orchestra I comprises all the winds except the chalumeaux and trumpets, plus a contingent of strings. Orchestra II includes the chalumeaux, the harp and its own contingent of bowed strings. The trumpets and timpani are used only in the overture.

Orfeo ed Euridice.
Overtura.

Orpheus und Eurydike.
Ouverture.

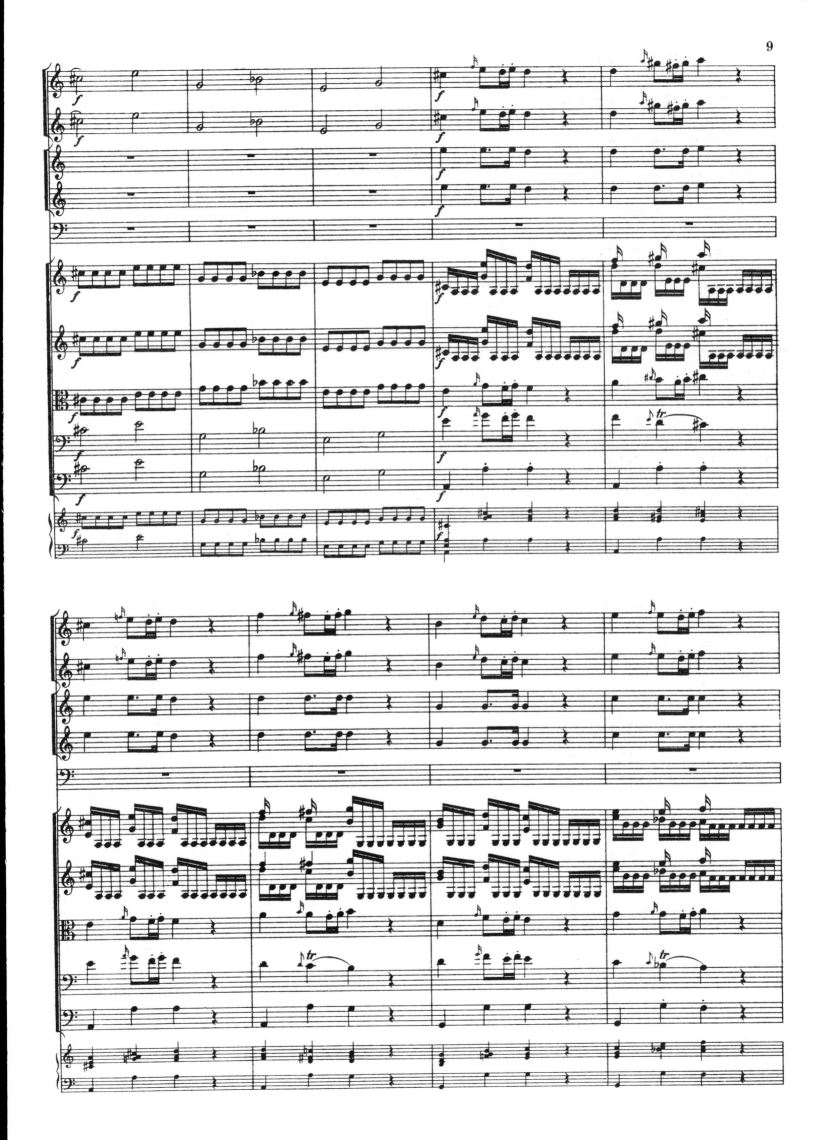

Atto Primo.

Scena I.
(Orfeo ed il Coro.)

Ad alzarsi della tenda al suono di mesta sinfonia si vede occupata la scena da uno stuolo di Pastori e Ninfe seguaci di Orfeo, che portano serti di fiori e ghirlande di mirto, e mentre una parte di loro arder fa dei profumi, incorona di marmo, e sparge fiori intorno alla tomba, intuona l'altra il seguente Coro, interrotto da' lamenti d'Orfeo che disteso sul davanti sopra d'un sasso, và di tempo in tempo replicando appassionatamente il nome di Euridice.

Erster Aufzug.

Szene 1.
(Orpheus und Chor.)

Beim Aufgehen des Vorhangs unter den Klängen der Trauermusik sieht man die Szene von einer Schar von Hirten und Nymphen erfüllt, Gefolge des Orpheus, mit Blumenkränzen und Myrthengewinden in der Hand. Während ein Teil von ihnen Räucherwerk anzündet, den Marmor bekränzt und Blumen um das Grab streut, stimmt der andere den folgenden Chor an, unterbrochen von den Klagerufen des Orpheus, der vorne auf einem Felsen ausgestreckt von Zeit zu Zeit immer wieder leidenschaftlich den Namen Eurydikes anruft.

pian - ti   i   la - men - ti,   i   so - spi - ri,   che   do - len - ti,   che   do -   len - ti   si

hold   Dich   unſ = rem   Seh = nen,   hör' die   Seuf = zer,   ſieh   die   Trä = nen,   die   wir   gram = ge =

pian - ti   i   la - men - ti,   i   so - spi - ri,   che   do - len - ti,   che   do - len - ti   si

hold   Dich   unſ = rem   Seh = nen,   hör' die   Seuf = zer,   die   wir   gram = ge =

Eu-ri-di - ce!
Eu=ri=di = ke!

Eu-ri-
Eu=ri=

spar - gon per te,   et a - scol-ta il tuo spo-so in-fe - li - ce,   che pian - gen-do ti chia-ma,
                                                                                                          der

beugt Dir weihn.   Hö = re des Gat = ten gram=vol=le Kla = ge!   Schluch=zend und stöh = nend be = jam=mert

spar - gon per te,   et a - scol-ta il tuo spo-so in-fe - li - ce,   che pian - gen-do ti chia - ma,

beugt Dir weihn.   Hö = re des Gat = ten gram=vol=le Kla = ge!

di – ce!
di = te!

e si la – gna.
Ärm=fte Dein teu = res Haupt!

er Dein teu = res Haupt!

e si la – gna.

Co – me quando la dol-ce com – pa-gna tor - to -
den trau = ten Ge=

So klagt die Tau=be in fehn=füct = gem Lie = de den Ge=

Co – me quan-do la dol-ce com – pa-gna tor - to-

So klagt die Tau = be in fehn = füct=gem Lie = de den Ge =

men - ti, i so - spi - ri, che do - len - ti, che do - len - ti si

Seh = nen, hör' die Seuf = zer, sieh die Trä = nen, die wir gram = ge =

i la - men - ti, i so - spi - ri, che do - len - ti si

Seh = nen, hör' die Seuf = zer, sieh die Trä = nen, die wir gram = ge =

spar-gon per te, che do - len - ti si spar-gon per te!

beugt Dir weih'n, Die wir gram = ge = beugt Dir weih'n.

spar-gon per te, che do - len - ti si spar-gon per te!

beugt Dir weih'n, die wir gram = = = ge = beugt Dir weih'n.*)

*) The Ballet follows, after which all depart.

*) The echo is played offstage.

mio do - lor!_ L'I - dol del mio_ cor non mi ri - spon - de, non mi ri - spon -
hallt mein Ruf, fie, die die Qual mir schuf, ant = wor = tet nim = mer=mehr, ant = wor = tet nim = mer =

de, non mi ri - spon - - - - de!
mehr, ant = wor = tet_ nim = = = mer = mehr!

Eco. II. Orch.   I. Orch.
Echo.

mio do- lor,— per-che co- nob-be a- mor, l'e-co ri -spon- de, l'e-co ri - spon -
selbst Du ge = fühlt, was mei = ne See=le durch=wühlt, gibst mei=nen Ruf zu=rück, gibst mei=nen Ruf zu-

II. Orch.   I. Orch.   II. Orch.

II. Orch.   I. Orch.   II. Orch.

de, l'e-co ri - spon - - de.
rück, gibst mei = nen Ruf_____ zu = rück.

II. Orch.   (p) I. Orch.   (pp) II. Orch.

mi - o và mor - mo - ran - do il ri - o e mi ri - spon - de, e mi ri - spon -
Qual rau=schet der Strom durchs Tal, gibt mei=nen Ruf zu=rück, gibt mei=nen Ruf zu=

de, e mi ris - pon - - - de.
rück, gibt mei = nen Ruf_____ zu = rück.

Voi mi ra-pi - ste   la mia bel - la Euri-di - ce_   oh   me - mo - ria cru-del!_   sul
Ihr stahlt sie mir,   mei-ne trau-te Ge = fähr = tin,_   o   welch ein   schreck-li=cher Ge=dan=ke!_   in des

fior   degli an-ni!   La ri - vo-glio da   voi,   Nu - mi Ti - ran-ni!
Le = bens Blü = te!   Un=barm=herz=ge, von   Euch   ford'r ich sie wie=der!

Ho core anch'io   per ri - cer-car sull'or-me   de'più in-tre - pi-di E - ro - i,   nel
Ich fühl die Kraft,   zu Euch hin=ab = zu=drin=gen,   auf den Spu = ren mut' ger Hel = den,   und

Se pla - car puoi col can - to le fu - rie, i mo - stri, e l'em - pia mor - te, al
Rührst Du mit Dei = nem Ge = fan = ge die Fu = rien, die Ge = fpen = fter, den Gott des To = des, fo

Orfeo.

gior - no la di - let - ta Eu - ri - di - ce fa - rà te - co ri - tor - no. Ah co - me? Ah
folgt Dir die ge = lieb = te Eu = ry = di = te an des Ta = ges Licht zu = rüd. Was fagft Du? Wär es

Amor.

quan - do? E pos - si - bil sa - rà? Spie - ga - ti! A - vrai va - lor che
mög = lich? Raum ver = mag ich's zu faf = fen! Er = flä = re Dich! Sag an: Haft Du den

Eil gran di - vie - to ri - ve - lar - le non dei; se nò, la per - di e di
Und dies Ver = bot darfst Du ihr nicht ent = hül = len; wo nicht, ver = lierst Du sie von

nuo - vo e per sem - pre; ein ab - ban - do - no al tuo fie - ro de - si - o sven - tu -
Neu = em und für im = mer; und Du bleibst zu = rück ein Op = fer Dei = nes Drän = gens, ein ge =

ra - to vi - vrai! Pen - sa - ci ad - di - o!
schla = ge = ner Mann! Denk dar = an, leb wohl!

Segue l'Aria.

40

Gli sguar-di trat - tie-ni, af-
Der Au = gen Ver = lan-gen, des

fre - na gli ac-cen-ti, ram-men-ta, se pe - ni, che po-chi mo-men-ti hai più da pe-nar!   Non
Her = zens Bangen halt stand=haft Du zu=rück! Nur kurz ist die Prüfung, dann lacht Dir das Glück!   Du

42

af - fre - na gli ac - cen - ti, che po - chi mo - men - ti hai più da pe - nar, che
halt ftand=haft zu = rück!__ Nur kurz ift die Prü=fung, dann lacht Dir das Glück, nur

Andante.

po - chi mo - men - ti hai più da pe - nar!
kurz ift die Prü=fung, dann lacht Dir das Glück.

Andante.

48

Ma lo po-trò! Lo vo-glio! Hò ri-so-lu-to! Il gran-de l'in-sof-fri-bi-le de' ma-li
Doch ich ver=mags, ich will es! Fort mit dem Zaudern! Ver=mag der Mensch doch al = les zu er=tra=gen,

è l'es-ser pri-vo dell' u-ni-co dell' al-ma a-ma-to og-get-to.
nur nicht das Ei=ne: zu schei = den von der, die ihm das Lieb=ste war.

Si vede un lampo, si sente
un tuono, e parte Orfeo.
Man sieht einen Blitz und hört
den Donner. Orpheus ab.

As-si-ste-te-mi, o Dei! La leg-ge ac-cet-to.
Ver=leiht, Ihr Göt=ter, mir die Kraft wohl=an, ich bin be=reit!

Atto secondo.

Scena I.
(Orfeo ed il Coro.)

Appena aperta la scena al suono di orribile sinfonia commincia il Ballo di Furie e Spettri che viene interrotto per l'armonia della lira d'Orfeo, il quale comparendo poi sulla scena, tutta quella turba infernale intuona il seguente.

Zweiter Aufzug.

Szene 1.
(Orpheus und Chor.)

Gleich nachdem unter dem Klang der düsteren Sinfonie die Szene sich geöffnet hat, beginnt der Tanz der Furien und Gespenster, der dann durch den Klang von Orpheus Leier unterbrochen wird. Orpheus erscheint darauf auf der Szene und währenddessen stimmt die ganze Unterweltsschar das Folgende an.

Coro. | Chor.

Ballo. | Ballet.

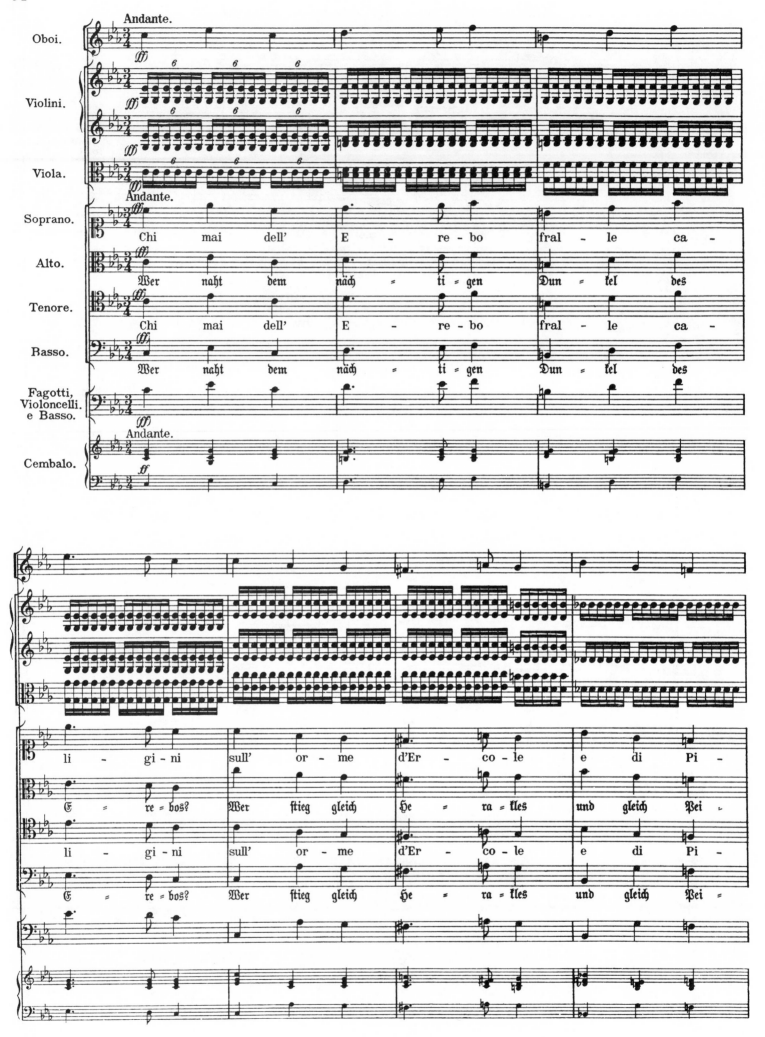

*) The Ballet follows, encircling Orpheus in order to frighten him.

(*Ballo da capo.*)

Coro. | Chor.

a) More tenderly, and with an expression of some pity.

a) With greater tenderness.

Coro. | Chor.

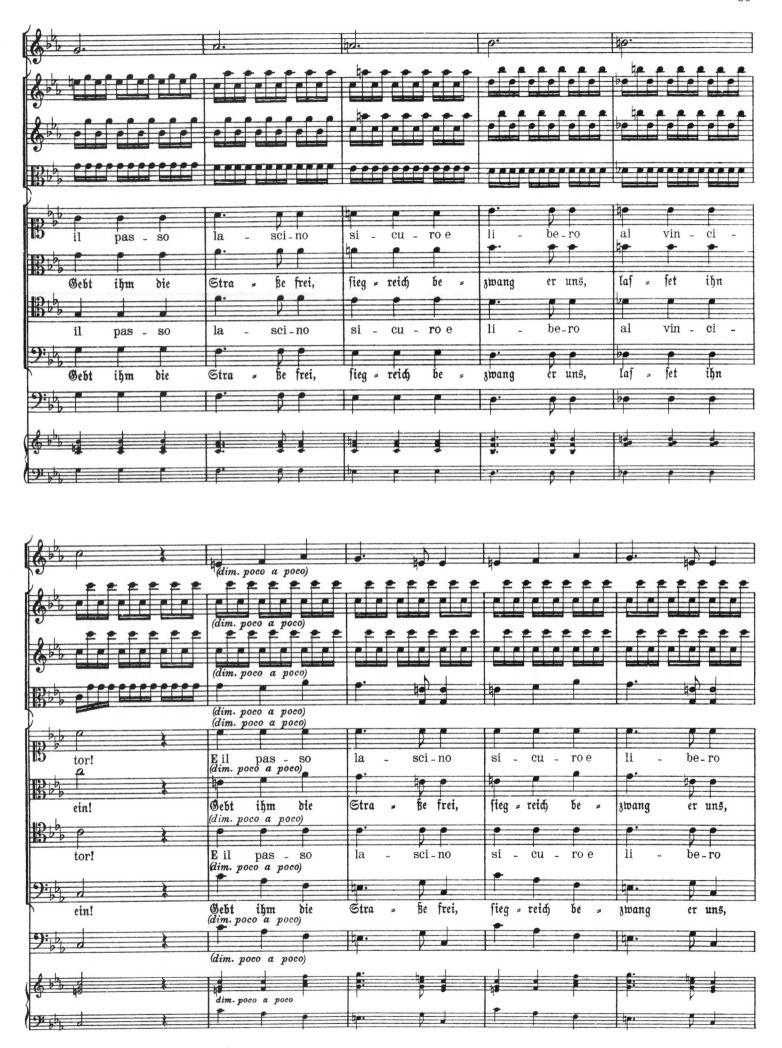

Cominciano a ritirarsi le Furie ed i Mostri e dilegu-andosi per entro le scene, ripetono l'ultima strofa del coro, che continuando sempre frattanto, che si allonta-nano finisce finalmente in un confuso mormorio. Spa-rite le Furie, sgombrati i Mostri Orfeo s'avanza nell' inferno.

Die Furien und Gespenster beginnen sich zurückzuziehen und wiederholen, sich nach hinten entfernend, die letzte Strophe des Chores, die während ihres Zurückweichens weiter gesungen wird und schließlich in undeutlichem Gemurmel endet. Nach dem Ver-schwinden der Furien und Gespenster schreitet Orpheus in der Richtung der Unterwelt weiter.

72

Scena II.

Orfeo, e indi Coro di Eroi ed Eroine, poi Eu_
ridice.

Szene 2.

Orpheus, später Chor der Heroen und Heroinen,
hernach Eurydike.

Che pu - ro   ciel,   che   chia - ro
Welch rei = ner   Him = mel,   welch hel = le

Que-sto è il sog-gior-no de' for - tu - na-ti E - roi!
Hier ist der Wohn=sitz der se = li = gen He = roen!

Qui tut-to spi - ra   un tranquil-lo con-ten- to,   ma non per
Se = li=ger Frie = den   ist hier al = len be = schie=den, ach nur nicht

me.
mir.

Se l'i - dol mio non tro-vo,
Soll Teu = re ich Dich nicht fin-den,

spe-rar nol pos - so!
muß ich ver=za = gen!

suoi soa - vi ac - cen - ti,
Ih = = re hol = de Stim = = me, Ih = rer

gli a - - mo - ro - - si suoi sguar - - di,
Au = = gen schmei = = cheln = des Ko = = sen,

il suo bel ri - so,
Ihr sü = = ßes Lä = = cheln,

so - no il mio so - lo, il mio di - let - to E - li - so!
fie nur al = lein ge = währen mir E = ly = fi = fche Won=ne!

Guardando per la Scena.
Auf der Szene umherspähend.

Mà in qual parte ei sa - rà?
Doch wo mag nur die Hol-de wei = len?

Inoltrandosi verso il Coro.
Er wendet sich an den Chor.

Chie-da si a questo che mi vie-ne a in - con-trar stuo-lo fe-li - ce.
Sieh hier naht ei = ne Schar ver = klär=ter Geiſter ſich mir; ſie will ich fra = gen.

Ballo. | Ballet.

Coro.

Chor.

Da un Coro di Eroine vien condotta Euridice vicino ad Orfeo, il quale senza guardarla, e con atto di somma premura la prende per mano, e la conduce subito via. Seguita poi il Ballo degli Eroi ed Eroine, e si ripiglia il canto del Coro, supposto continuarsi fino a tanto che Orfeo ed Euridice non sono affatto fuora degli Elisi.

Von einer Schar von Heroinen wird Eurydike in die Nähe des Orpheus gebracht, der sie, ohne sie anzuschen und mit der Geberde höchster Eile, bei der Hand nimmt und rasch wegführt. Darauf folgt der Tanz der Heroen und Heroinen; und der Chorgesang wird wiederholt, der solange währt, als Orpheus und Eurydike sich noch innerhalb des Elysiums befinden.

Fine dell' Atto Secondo.

Atto Terzo.

Scena I.
(Orfeo ed Euridice.)

Dritter Aufzug.

1. Szene.
(Orpheus und Eurydike.)

mio nel pri - mo i - stan - te che tu ri - tro - vi me, ch'io ti ri - veg - go, t'an - no - ja, Or -
ständ-nis läßt Dich in die - ser Stun-de, da Du mich wie - der - fandſt, da ich Dich wie - der - ſe - he, ſo kalt und ſo

Orfeo.

feo! Ah non è ver, mà... sap - pi.... sen - ti.... (Oh leg - ge cru - del!) Bel - la Eu - ri - di - ce in -
ſtumm? Nein, glau - be mir! Doch... wiſ - ſe... hö - re... (O grau - ſam Ge - ſetz!) Hol - de Eu - rh - di - ke, ver -

Euryd.   **Orfeo.**

ol - tra i pas - si tuoi! Che mai t'af - fan - na in si lie - to mo - men - to (Che di - rò? Lo pre -
dop - ple Dei - nen Schritt! Was ſchafft Dir Kum - mer in die - ſem Au - gen - blick des Glük - kes? (Was er - widr' ich? Ach, ich

Euryd.

f (tirandolo, perchè la guardi)
(ihn zu sich herziehend, damit er sie ansieht)

vid-di! Ec-co il ci - men-to!) Non m'ab-brac-ci? Non par-li? Guar-da-mi al - men. Dì, son
ahnt'es! Furcht-ba-re Prüfung!) Du ver-stößt mich? Du sprichst nicht? Sieh mir nur ein-mal ins Antlitz! Sag, ist

i - o bel-la anco-ra, qual e-ra un dì? Ve - di, che for-se è spen-to il ro-seo del mio
al-ler Reiz da-hin, der einst mich ge-schmückt? Sieh nur, ist denn das Rot mei-ner Wan-gen schon ver-

vol-to? O - di, che for-se s'o-scu - rò quel che a-ma-sti e so-a-ve chia-ma-sti, splen-
bli-chen? Hö - re doch! Schwand mei-ner Au-gen Glanz, da einst Du lieb-test, des-sen Reiz Dich be-glück-te, nun

son l'ac-co-glien-ze tue! Mi nie-ghi un sguardo, quan-do dal ca-ro a-man-te e dal
fühl=los be=geg=nest Du mir, ent=ziehst mir Dei=ne Blik=te? Nim=mer hielt ichs für mög=lich, daß der

te-ne-ro spo-so a-spet-tar-mi io do-vea gli am-ples-si ei ba-ci (Che bar-ba-ro mar-tir!) Mà
zärt=li=che Gat=te sei=nen Arm mir ver=schlös=se und ach, sei=nen Mund! (O na=men=lo=se Qual!) Ach

Orfeo.

(Sentendola vicina prende la sua
mano e vuol condurla.)
(Da er sie sich nahe fühlt, faßt er ihre
Hand und will sie wegführen.)

(Ritira la mano con sdegno.)
(Zieht entrüstet ihre Hand zurück.)

Euryd.

vie-ni e ta-ci! Ch'io tac-cia! E questo an-co-ra mi re-sta-va à sof-frir? Dun-que hai per-
folg mir und schwei=ge! Ich schwei=gen? Muß ich auch dies zu al=lem noch er=dul=den? Schwand Dir denn al=les da-

è in - sof - fri - bi - le, è in - sof - fri - bi - le per me, è in - sof - fri -
nicht, trag ich Ärm = fte, trag ich Ärm = fte län = ger nicht, trag ich Ärm =

è in - sof - fri - bi - le, è in - sof - fri - bi - le per me, è in - sof - fri -
nicht, trag ich Ärm = fter, trag ich Ärm = fter län = ger nicht, trag ich Ärm =

- bi - le per me! (Nel terminare il duetto ambedne, ciascuno dalla sua parte si appogiano ad un albero.)
= fte län = ger nicht! (Beim Ende des Duetts lehnen sich Beide an einen Baum.)

- bi - le per me!
= fter län = ger nicht!

Segue Subito.

col-po man-ca la mia cos-tan-za; a-gli oc-chi mi -ei si smar-ri-sce la lu-ce, op-presso in
Un=glück ver=sa=gen mei=ne Kräf=te. Vor mei=nem Au=ge trübt sich das hel=le Licht und mein

se-no mi di-ven-ta af-fan-no-so il re-spi-rar. Tre-mo, va-cil-lo, e
A=tem stockt, das Ü=ber=maß des E=lends sprengt mir die Brust, ich zit=tre, ich wan=ke, mein

sen-to frà l'an-gui-scia e il ter-ro-re da un pal-pi-to crudel vi-brarmi il co-re.
Herz pocht in fie=ber=haf=ten Schlägen und al=le Pul=se ja=gen in töt=li=cher Angst.

Che fie - ro mo - men - to, che bar - ba - ra sor - te pas-
O mar = ter = voll Ge = schick, was rieft Du mich zu = rück vom

Lento. Allegro.

sar del - la mor - te a tan - to do - lor! Che fie - ro mo - men - to, che
Frie=den des To=des ins Le=ben voll Pein? O mar = ter = voll Ge = schick, was

Andante.

Av - vez-zo al con - ten-to d'un pla - ci-do ob - li - o, d'un pla - ci-do ob - li o fra
Schon fühlt ich vor Sor=gen mich fi = cher ge = bor=gen, vor Sor=gen mich fi = cher ge = bor=gen, nun

que - ste tem-pe - ste si per-de il mio cor, si per-de il mio cor, av-vez-zo al con -
schwel = len die Wel = len des Un = heils aufs neu, des Un = heils aufs neu, schon fühlt ich vor

Il tempo di I°.

Va - cil - lo, tre - mo, va - cil - lo, tre - mo... Che fie - ro mo -
Ich wan = ke, be = be, ich wan = te, be = be... O mar = ter = voll Ge =

men - to, che bar - ba - ra sor - te, pas - sar dal - la mor - te a tan - to do - lor! che
schid, was riefst Du mich zu = rück vom Frie = den des To = des ins Le = ben voll Pein? O

fie - ro mo-men - to, che bar-ba-ra sor - te, pas-sar dal-la mor-te a
mar - ter - voll Ge - schid, was riefft Du mich zu - rück vom Frie - den des To - des ins

tan - to do - lor, pas-sar dal-la mor-te a tan - - to do - lor, a tan -
Le - ben voll Pein, vom Frie - den des To - des ins Le - - ben voll Pein, ins Le -

- - to do - lor!
= = ben voll Pein!

Violini.

Viola.

Orfeo.

Eurid.

Ec - co un nuo-vo tor-men-to. A - ma-to spo-so, m'ab-ban-do-ni co - sì? Mi strug - go in
Weh, welch ei=ne neu=e Mar=ter! Ge=lieb=ter Gat=te, kannst Du so mich ver=laf=fen? Für mei=ne hei=ßen

Violoncello
e Basso.

Cembalo.

pian-to; non mi con-so-li? Il duol m'op-pri-me i sen-si, non mi soc-cor-ri? Una al-tra vol-ta, oh stel-le,
Trä=nen haft Du kein Wort des Tro=ftes? Vor Schmerz ver=gehn mir die Sin=ne und Du bleibst kalt? So muß ich, grau=fa=me Ster=ne,

Orfeo.

dun-que mo-rir degg'i - o senza un ampless-so tuo, sen-za un ad-di - o? Più fre-nar-mi non
fter=ben zum zwei=ten Mal oh=ne Hän=de=druck von Dir, oh=ne ein Wort des Ab=fchieds? Län=ger be=herrsch' ich mich

pos-so, a po-co a po-co la ra-gion m'ab-ban-do-na ob-lio la leg-ge, Eu-ri-di-ce, e me
nim-mer, schon schwin-det da-hin aus mei-nem Ge-dächtnis das Wort des Got-tes, Eu-ry-di-ke, mein eig-nes

(In atto di voltarsi, e poi pentito.)
(Im Begriff sich umzusehen, aber sich eines Besseren besinnend.)

(Si getta a sedere sopra un sasso.)
(Sie wirft sich auf ein Felsstück nieder.)

Eurid.

Orfeo.

stes-so! E... Or-feo, con-sor-te! Ah... mi sen-to... lan-guir. Nò, spo-sa! A-
Glück! Und... Mein Or-pheus! Mein Gat-te! Ach, mir schwin-den die Sin-ne! Ge-lieb-te, ach

(In atto di voltarsi a guardarla, e con impeto.)
(Im Begriff, sich nach ihr umzuwenden, und mit Leidenschaft.)

(Allegro.)

scol-ta! Se sa-pes-si... Ah che fò? Mà fi-no a quan-do in questo or-ri-do in-
hör mich, wenn Du ahn-test... weh, was tu ich? Nimmt denn mein Lei-den in die-ser fürch-ter-li-chen

(Allegro.)

per - do per sem - pre! Oh Leg - ge! Oh mor - te! Oh ri - cor - do cru - del! Non hò soc -
hin ift fie auf e = wig! Un = fe = li = ges Ge = bot! Wel = che Pein fchufft Du mir! Mir winft fein

cor - so, non m'a - van - za con - siglio! Io veg - go so - lo (Ah fie - ra vi - sta!) il lut - tu - o - so as - pet - to dell'
Ausweg, winft fein Troft in meinem E = lend. Nur Du al = lein, qual = boll Gefühl mei = nes na = men = lo = fen Jammers, nur

or - ri - do mio sta - to! Sa - zia - ti, sor - te rea! Son dis - pe - ra - to!
Du bift mir ge = blie = ben! Wei = de Dich, grau = fam Ge = fchif, an mei = ner Ver = zweif = lung!

Andante espressivo.

Violini.

spiccato assai

Viola.

Orfeo.

Violoncello
e Basso.

Andante espressivo.

Cembalo.

Che fa - rò sen-za Eu-ri - di - ce? Do-ve an-drò sen-za il mio ben? Che fa-
Oh = ne Dich, Du Heiß=ge = lieb=te, ist die Welt mir öd und leer! Oh = ne

rò,___ dove an - drò, che fa - rò sen-za il mio ben, do - ve an - drò sen-za il mio
Dich,___ Heiß=ge = lieb=te, ist die Welt mir öd und leer, ist die Welt mir öd und

rò senza Euridice? Dove andrò senza il mio ben? Che farò, dove andrò, che fa-
Dich, Du Heißgeliebte, ist die Welt mir öd und leer, ohne Dich, Heißgeliebte, ist die

rò senza il mio ben, dove andrò, che farò, dove andrò senza il mio ben?
Welt mir öd und leer, ohne Dich, Heißgeliebte, ist die Welt mir öd und leer.

coll' arco

coll' arco

mi - o! A-spet-ta, a-spet-ta! Nò, que-sta vol-ta sen-za lo spo-so tuo
lieb=ten! Ich tom=me, ich tom=me! Nicht sollst Du dies=mal al=lein oh=ne Dei-nen Ge=mahl

Scena II. | Szene 2.
Amore e detti. | Amor und die Vorigen.

(vuol ferirsi)
(will sich töten)

Amor.

(lo disarma)
(er entwaffnet ihn)

Orfeo.

non var-che-ra-i l'on-de len-te di Le-te Or - feo, che fa-i? E chi sei tu,
die trä=gen Flu=ten des Le=the=stro=mes treu=zen. Halt ein, was tust Du? Und wer bist Du,

(con impeto e fuori dise)
(außer sich vor Erregung)

Amor.

che trat-te-ne-re-ardis-ci le do-vu-te a mi-ei ca-si ul-ti-me fu-rie mie? Que-sto fu-ro-re cal-ma,
der Du Dich er=tühnst, dem Drän-gen mei-ner Sehnsucht Ein=halt zu ge-bie=ten? Zäh=me Dein wil-des Drängen!

Orfeo.
de - po - ni, e ri - co - nos - ci A - mo - re! Ah sei tu? Ti rav - vi - so! Il duol fi - no - ra
Sei ru - hig, kennst Du Gott Eros nicht mehr? Eros, Du? Ich er - kenn Dich, der her - be Schmerz

tut - ti i sen - si m'op - pres - se. A che ve - ni - sti in si fie - ro mo - men - to? Che vuoi da
um - ne - bel - te all mei - ne Sin - ne. Doch wo - zu kamst Du zu solch bit - te - rer Stun - de? Was willst Du von

Amor.
me? Far - ti fe - li - ce! As - sa - i per glo - ria mia sof - fri - sti, Or - feo, ti
mir? En - den Dein Leid! Ge - nug schon hast Du, mein Or - pheus, zu mei - nem Ruhm er - dul - det, zu

Scena III e ultima.

Magnifico tempio dedicato ad Amore. Amore, Orfeo ed Euridice, preceduti da numeroso drappello di Pastori e Pastorelle che vengono a festeggiare il ritorno di Euridice e cominciando un allegro ballo, che s'interrompe da Orfeo che intuona il seguente coro.

3. und letzte Szene.

Prächtiger Tempel, Amor geweiht. Amor, Orpheus und Eurydike, geleitet von einer zahlreichen Schar Hirten und Hirtinnen, die die Rückkehr der Eurydike zu feiern herbeiströmen und einen heiteren Tanz beginnen, der dann von Orpheus unterbrochen wird, wenn er den folgenden Chor anstimmt.

Segue Ballo.

Ballo.   Ballet.

2.

Allegro.

Oboi.

Corni (in D).

Allegro.

Violini.

Viola.

Violoncello e Basso.

Allegro.

Cembalo.

Maggiore.

Minore.

3.

Da Capo.

Da Capo.

4.

148

Da capo.

Coro. | Chor.

Ma poi la pe - na ob - bli - al' a - man - te nel dol - ce i - stan - te del - la pie - tà!
Da = hin ift das Leid und ber = gef = fen die Wun = de, fo bald ihm die Stun = be des Glücks wie = der lacht!

Tri = on - fi A - mo - re e il mon - do in - tie - ro ser - va all' im-
Tri = umph fei Gott E = ros, die Wel = ten, fie prei = fen in e = wi = gen

Tri = on - fi A - mo - re e il mon - do in - tie - ro ser - va all' im-
Tri = umph fei Gott E = ros, die Wel = ten, fie prei = fen in e = wi = gen

THE END.